Mein Camping
Kochbuch

Mein Camping Kochbuch

Leckere Rezepte fürs Kochen im Freien

Bath • New York • Cologne • Melbourne • Delhi
Hong Kong • Shenzhen • Singapore • Amsterdam

This edition published by Parragon Books Ltd

Parragon Books Ltd
Chartist House
15–17 Trim Street
Bath BA1 1HA, UK
www.parragon.com

Copyright © Parragon Books Ltd

Projektmanagement: Natalie Coates
Layout: Lexi L'Esteve
Fotos: Mike Cooper
Insert-Fotos: Jim Johnston
Fachberatung: Lincoln Jefferson
Zusätzliche Fotos: Sian Irvine
Zusätzliche Fachberatung: Katie Giovanni
Text und neue Rezepte: Rachel Carter
Vorwort: Stefan Gates

Ein Besonderer Dank geht an Ben, Benedict, Lucy und Polly.

Alle Rechte vorbehalten. Die vollständige oder auszugsweise Speicherung, Vervielfältigung oder Übertragung des Werkes, ob elektronisch, mechanisch, durch Fotokopie oder Aufzeichnung, ist ohne vorherige Genehmigung des Rechteinhabers urheberrechtlich untersagt.

Copyright © für die deutsche Ausgabe
Parragon Books Ltd
Chartist House
15-17 Trim Street
Bath BA1 1HA, UK
www.parragon.com

Realisation der deutschen Ausgabe: trans texas publishing services GmbH, Köln
Übersetzung: Antje Seidel

ISBN 978-1-4723-8824-7

Printed in China

Hinweis
Sind Zutaten in Löffeln angegeben, ist immer ein gestrichener Löffel gemeint: Ein Teelöffel entspricht 5 ml, ein Esslöffel 15 ml. Sofern nicht anders angegeben, wird Vollmilch (3,5 % Fett) verwendet. Eier und einzelne Gemüsestücke sind von mittlerer Größe. Pfeffer wird grundsätzlich frisch gemahlen verwendet. Wurzelgemüse sollte vor der Weiterverarbeitung geschält werden.
Garnierungen, Dekorationen und Serviervorschläge sind optional und nicht unbedingt in der Zutatenliste oder Anleitung angegeben. Die angegebenen Zeiten können von den tatsächlichen leicht abweichen, da je nach verwendeter Zubereitungsmethode und Garmethode (Gas, Grill oder Lagerfeuer) Schwankungen auftreten.
Der Verlag schließt hiermit im Rahmen der gesetzlichen Bestimmungen jegliche Haftung für Schäden aller Art, die durch die Verwendung dieses Buches geschehen, aus.

Inhalt

- 8 BEVOR ES LOSGEHT
- 28 DAS GROSSE FRÜHSTÜCK
- 54 MITTAGSZEIT
- 90 DAS MACHT RICHTIG SATT!
- 126 PERFEKTE BEILAGEN
- 158 SÜSSE SACHEN

Vorwort von Stefan Gates

Beim Campen geschieht stets Unglaubliches: Der Appetit wächst, und die Freude am Essen verzehnfacht sich. Zum einen liegt es daran, dass die Sinne durch die Natur geschärft werden. Zum anderen hat es auch damit zu tun, dass wir der heimischen Küche entfliehen und uns nur von dem ernähren, was gerade da ist – auch wenn es noch so einfach ist. Wir fühlen uns wie Höhlenmenschen, die ums Feuer sitzen, selbst wenn es nur eine Gasflamme ist. Ich kam schon in den Genuss von außergewöhnlichen Campinggerichten, als wir für die BBC *Kochen am Krisenherd* drehten: Lammhoden in Afghanistan, gegrillte Ratte in Indien und Rüsselkäfer in Kamerun. Doch die ungewöhnlichste Mahlzeit erlebte ich, als ich mit Rebellen unter Maschinengewehrfeuer im schlangenverseuchten Dschungel von Ost-Myanmar Rast machte, um das Camp aufzuschlagen, statt uns vor den Patrouillen zu verstecken. Ich war erschöpft und voller Panik, als mir die Rebellen mit ihren Macheten beibrachten, wie man aus Bambus Tassen, Löffel und Töpfe herausschlägt, bevor man sich für ein Essen aus zusammengesuchtem Jungle-Food niederlässt. Sie ließen sich durch nichts von ihrem Genuss abbringen.

Man braucht nicht viel Geld, um beim Campen wie ein König zu speisen. Fertiggerichte und Tütensuppen lassen Sie besser gleich zu Hause. Packen Sie stattdessen lieber ein paar haltbare Grundzutaten ein – Frisches können Sie in Geschäften vor Ort einkaufen – sowie ein Buch wie dieses, in dem Sie Anregungen für köstliche Gerichte finden. Mit viel Liebe und Begeisterung (und einem kleinen Feuerchen) erwacht auch in Ihnen der Höhlenmensch und jedes Campingessen wird zum Fest.

Bevor es losgeht

Ob auf einem Festival, an einem See oder im Wald, beim Campen entfliehen wir dem Alltag und genießen das Leben in freier Natur. Alle Sorgen und Nöte scheinen vergessen, wenn wir uns auf ein Leben einlassen, das fern von unserem normalen Alltag ist. Das Leben unter der Zeltplane macht Spaß, und man merkt schnell, wie gut es sich ohne Fernsehen, Internet und andere vermeintlich lebensnotwendige Dinge des täglichen Bedarfs leben lässt. Es klappt hervorragend, nur mit dem Nötigsten auszukommen.

Für die Campingausrüstung brauchen Sie nicht alles auf einmal zu besorgen, zunächst reichen die Basics, nach und nach werden Sie dann merken, was Sie für Ihre Zwecke wirklich brauchen. Das können Sie in Outdoorgeschäften oder übers Internet kaufen.

Das Zelt ist natürlich die größte Anschaffung. Wenn Sie längere Zeit verreisen möchten, wählen Sie ein Zelt, in dem Sie aufrecht stehen und bei schlechtem Wetter auch essen können. Kaufen Sie das größtmögliche Zelt, das Ihr Budget hergibt – den Extraplatz können Sie für viele Dinge nutzen.

Ebenfalls zur Grundausstattung gehören Schlafunterlagen (Luftmatratze, Isomatte oder beides) und Schlafsäcke sowie Kochmöglichkeiten. Reisetaschen mit vielen Fächern für Kleidung, Toilettenartikel und Handtücher sind sehr praktisch, und nicht zu vergessen Campingstühle und ein stabiler Campingtisch, der nicht zusammenklappt, wenn Sie daran essen.

In den Sommermonaten ist es mit das Schönste, dass man draußen essen kann. Es schmeckt einfach besser, insbesondere, wenn man den ganzen Tag im Freien verbracht hat. Wenn Sie neben Ihrem Zelt auch noch einen Pavillon aufstellen, haben Sie eine zusätzliche Unterschlupfmöglichkeit bei Regen oder starker Sonne. Außerdem kann er ein Treffpunkt für Ihre Mit-Camper am Abend sein.

Die Kochausrüstung ist natürlich auch ein wesentlicher Bestandteil beim Campen. Vom einfachen Bunsenbrenner bis zum vierflammigen Gasgrill gibt es für jeden Bedarf und jeden Geldbeutel das passende Equipment. Wenn Sie in einer Gruppe oder mit der Familie unterwegs sind, sollten Sie einen Kocher mit mindestens zwei Flammen haben, eine einzelne Flamme ist definitiv zu wenig! Ein Holzkohlegrill ist auch sehr nützlich, aber bedenken Sie, dass er umständlich zu transportieren ist.

Am besten machen Sie sich vor dem Campingurlaub ausreichend Gedanken über das Essen, das Sie zubereiten wollen, und sprechen sich mit allen Mitreisenden ab. Das erspart Ihnen Diskussionen und womöglich Streit im Urlaub. Packen Sie für die Mahlzeiten die nötigen Lebensmittel aus dem Vorratsschrank ein und nehmen Sie einiges aus dem Kühlschrank oder Gefrierfach in der Kühlbox mit. Den Rest kaufen Sie dann vor Ort. So haben Sie zumindest an den ersten beiden Tagen Ihre Mahlzeiten geplant und brauchen sich am Urlaubsort nur noch um die Zubereitung zu kümmern. Und Sie können sich entspannt zurücklehnen.

*siehe folgende Seite

Kochausrüstung

1 = Küchenreibe
2 = Geschirrspülmittel
3 = Trockentuch
4 = Küchenrolle
5 = Spüllappen
6 = Salz und Pfeffer
7 = Besteck
8 = Holzlöffel
9 = Holzkohle
10 = Alufolie
11 = Frischhaltefolie
12 = Backpapier
13 = großes Schneidemesser
14 = Korkenzieher
15 = Schneidebrett
16 = flacher Topf
17 = zusammenklappbarer Campingtoaster

18 = beschichtete Pfanne
19 = Becher und Gläser
20 = Schneidebrett für Gemüse
21 = Grillzange
22 = hitzebeständige Schüsseln
23 = Taschenmesser
24 = Kartoffelstampfer
25 = Spieße
26 = Eierbecher
27 = Schneidebrett für Fleisch
28 = Schälmesser
29 = Servierschüsseln
30 = Teller
31 = Alu-Kochgeschirr
32 = mittelgroßer Topf
33 = kleiner Topf
34 = große beschichtete Pfanne
35 = Kühlbox

Tipps & Tricks zum Zeltaufbau

Bevor Sie zum Zelturlaub aufbrechen, sollten Sie Ihr Zelt mindestens einmal aufgebaut haben. Wenn es etwas knifflig ist, können Sie davon Fotos machen, diese ausdrucken, beschriften und mitnehmen. Auch farbig markierte Stangen können sehr hilfreich sein.

Wählen Sie auf dem Campingplatz die Stelle, an der Sie das Zelt aufschlagen wollen, sorgfältig aus. Das Zelt sollte wind- und sonnengeschützt aufgebaut und feuchte oder sumpfige Stellen gemieden werden. Meiden Sie Plätze direkt neben den Toiletten oder Waschplätzen. Vor dem Aufbau sollten Sie prüfen, ob Hundekot oder Kuhfladen auf dem Platz liegen, die durch den Zeltboden dringen könnten.

Neben dem Zelt sollte genug Platz für Ihr Auto sein. Und werfen Sie auch einen Blick auf Ihre Nachbarn, ab und zu feiert jeder gern einmal, aber wollen Sie das wirklich jede Nacht? Toiletten und Wasser sollten übrigens nicht zu weit entfernt sein.

Ein planer Zeltplatz ist auf jeden Fall am besten. Gehen Sie sicher, dass keine spitzen Steine oder Wurzeln herausragen. Ein Loch im Zeltboden möchte niemand. Eine zusätzliche Zeltunterlage ist immer zu empfehlen, da sie das Gewebe schützt.

Kaufen Sie ein paar zusätzliche Heringe, denn diese gehen schnell verloren, und im Laden auf dem Campingplatz sind sie übertreuert. Auch ein zweiter Gummihammer kann praktisch sein, besonders wenn Sie ein großes Zelt haben und das Aufbauen nicht ewig dauern soll.

Während des Zeltaufbaus sollten Ihre Kinder gut aufgehoben sein, besonders bei schlechtem Wetter. Vielleicht können sie im Auto etwas spielen oder sie dürfen eine CD hören oder sogar einen Film auf einem Tablet sehen?

Die Campingküche

Kochen mit Gas

Am einfachsten ist das Kochen mit einem Spiritus- oder Sturmkocher, der mit Spiritus oder Esbit-Trockenbrennstoff befeuert wird. Damit können Sie Wasser kochen und einfache Gerichte in einem Topf zubereiten oder erwärmen.

Für mehr Flexibilität sorgt ein zwei- oder dreiflammiger Gaskocher mit Deckel und eventuell zusammenklappbarem Gestell, sodass er leicht transportiert werden kann. Der Deckel dient gleichzeitig als Windschutz, auch an den Seiten kann ein Schutz angebracht werden. Damit können Sie alle Gerichte aus diesem Buch zubereiten.

Wenn Sie regelmäßig campen und auch länger unterwegs sind, lohnt sich für Sie eventuell die Anschaffung einer Campingküche. Das ist ein Gestell mit Platz für den Gaskocher und mit vielen Fächern zum Verstauen. Einige Modelle enthalten sogar eine Spüle.

Kochen mit dem Grill

Wenn Sie nur ein oder zwei Tage unterwegs sind und nicht allzu viel mitnehmen wollen, ist ein Einweggrill für Sie vielleicht ideal. Sie können damit Frühstück und kleine Mahlzeiten zubereiten. Zum Ablegen des Grills ist ein Gestell sinnvoll.

Wenn Sie sich einen vernünftigen Grill anschaffen wollen, ist die Auswahl an zusammenklappbaren Geräten sehr groß. Am besten überlegen Sie, was für Ihre Bedürfnisse und Ihren Geldbeutel am sinnvollsten ist. Sehr günstig sind auch sogenannte Eimergrille, die schnell heiß werden und die Hitze lange speichern.

Wenn Sie etwas mehr Geld investieren wollen, ist ein Gasgrill die komfortabelste Lösung. Er ist besonders leistungsfähig, einfach aufzubauen und sauber zu halten. Der große Vorteil ist, dass die Hitze sofort da ist, sodass gleich losgegrillt werden kann.

Es gibt sehr einfache Modelle, aber auch Hochleistungsgrills mit großer Grillfläche, mehreren Brennern und Kocheinsätzen. Das Grillgut kann auf zusätzlichen Ablagen warm gehalten werden. Diese Geräte sind überaus vielseitig und Sie können eine große Anzahl von Gästen damit bewirten.

Wofür Sie sich auch entscheiden, kaufen Sie die Ausrüstung am besten bei einem vertrauenswürdigen Händler, der für Qualität bürgt und Ihnen Garantie gibt.

Kochen am Lagerfeuer

Direkt über dem offenen Feuer zu kochen ist sicherlich die romantischste Vorstellung von Kochen in freier Natur. Allerdings ist das nicht ganz so einfach, denn auf vielen Campingplätzen darf kein offenes Feuer gemacht werden, und die Hitzeregulierung ist schwierig. Der Geschmack von über offenem Feuer zubereiteten Gerichten ist jedoch kaum zu überbieten. Wenn Sie auch noch Räucherholzchips mit ins Feuer geben, nehmen die Speisen die wunderbaren Raucharomen auf. Eine Anleitung dafür finden Sie auf der Verpackung. Und aufgespießte Marshmallows, die Sie am Ende eines Grillabends über das Feuer halten, sind eine tolle Sache.

Für das Kochen über Lagerfeuer benötigen Sie sehr heißes Feuer. Dies kann nur mit richtig trockenem Holz gelingen. Ist das Holz feucht, qualmt das Feuer und wird nicht heiß genug. Dasselbe gilt auch für mittelstarken Wind – wenn das Feuer nicht ausreichend geschützt ist, werden Sie den Kampf gegen den Wind niemals gewinnen. Wenn die Bedingungen für ein Feuer optimal sind, ist es am besten, das Essen auf einem Schwenkgrill in einem Dreibeingestell zu garen. Allerdings müssen Sie dabei stets aufpassen, dass das Grillgut nicht Feuer fängt, und das Feuer darf nur noch glühen, wenn Sie mit dem Kochen beginnen. Ansonsten ist es zu heiß.

Checkliste

- Toilettenpapier
- Streichhölzer
- Taschenlampe
- Mülltüten
- Feuchttücher
- Flüssigseife
- Wäscheklammern und -leine
- Taschenspiegel
- Ersatzbatterien für die Taschenlampe
- Erste-Hilfe-Koffer
- CD-Player
- Wasserkanister
- Gummistiefel
- Sonnencreme

Aus dem Vorratsschrank

Bereiten Sie diese beiden Kostbarkeiten zu, bevor Sie losfahren.
Damit haben Sie eine gute Basis für viele leckere Gerichte.

Die Sauce erhitzen und über Backkartoffeln geben. Mit reichlich Käse bestreuen – ein deftiges Frühstück.

Einen Bagel aufschneiden, mit der Sauce bestreichen und dick mit Käse belegen – eine Zwischenmahlzeit.

Frische Tomatensauce

Mit Pasta vermischen und mit Hackfleisch und Zwiebelringen verfeinern – eine schnelle Bolognesesauce.

Zucchinischeiben, Paprikastreifen und rote Zwiebelspalten braten und in die Sauce rühren – eine Blitz-Ratatouille.

Ergibt 600 ml
1 EL Olivenöl
1 kleine Zwiebel, gehackt
2–3 Knoblauchzehen, zerdrückt (nach Belieben)
1 kleine Selleriestange, fein gehackt
1 Lorbeerblatt
450 g sehr reife Tomaten, geschält und gehackt, ersatzweise Tomaten aus der Dose
1 EL Tomatenmark, mit 150 ml Wasser vermischt
Salz und Pfeffer
frische Oreganozweige (nach Geschmack)

Das Öl in einem schweren Topf erhitzen. Zwiebel, Knoblauch, falls verwendet, Sellerie und Lorbeerblatt bei mittlerer Hitze 5 Minuten darin dünsten.

Tomaten und Tomatenmarkmischung zufügen. Salzen und pfeffern und mit Oregano bestreuen. Zum Kochen bringen, die Hitze reduzieren, abdecken und unter gelegentlichem Rühren 20–25 Minuten köcheln lassen. Für eine dickere Sauce 20 Minuten weiterköcheln lassen.

Lorbeer und Oregano aus dem Topf nehmen. Die Sauce in eine Küchenmaschine geben oder mit einem Stabmixer pürieren. Für eine glatte Sauce die Mischung durch ein Sieb streichen. Mit Salz und Pfeffer abschmecken. Später bei Bedarf wieder erhitzen.

Mit Pasta verrühren, mit Parmesanhobeln bestreuen – und genießen.

Als Beilage mit Kartoffelpüree verrühren.

Mit einer Dose Thunfisch und als Belag für gefüllte Kartoffeln servieren.

Mit frisch gekochten neuen Kartoffeln verrühren und mit Parmesan bestreuen.

Basilikumpesto

Ein Baguettebrötchen halbieren und über dem Feuer rösten. Mit Pesto und Frischkäse bestreichen und mit sonnengetrockneten Tomaten belegen – köstlich!

Ergibt 250 g
50 g frische Basilikumblätter
1 Knoblauchzehe
25 g geröstete Pinienkerne
150 ml natives Olivenöl extra
Salz und Pfeffer
25 g frisch geriebener Parmesan
1–2 TL frisch gepresster Zitronensaft
(nach Belieben)

Die Basilikumblätter in Stücke zupfen und mit Knoblauch, Pinienkernen und 1 Esslöffel Öl in einen Mörser geben. Zu einer Paste zerstoßen.

Das restliche Öl langsam zugießen, sodass sich eine dickflüssige Sauce ergibt. Mit Salz und Pfeffer abschmecken und den Parmesan einrühren. Den Zitronensaft nach Belieben einrühren.

Das große Frühstück

Bacon-Butterbrot

Für 1 Person

4 Scheiben Bacon
1 TL Olivenöl
15 g weiche Butter
2 dicke Brotscheiben
Pfeffer
1 Tomatenscheibe
(nach Belieben)
Sauce nach Wahl (Ketchup,
Barbecue-Sauce, Senf)

Die Bacon-Scheiben halbieren. Das Öl in eine beschichtete Pfanne geben und über der Flamme oder dem Grill erhitzen. Den Speck hineingeben und knusprig braten. Inzwischen das Brot mit Butter bestreichen. 4 Bacon-Stücke auf eine Brotscheibe legen und mit Pfeffer bestreuen. Die Tomate darauflegen und die gewünschte Sauce darübergeben. Mit dem restlichen Bacon belegen und mit der anderen Brotscheibe abdecken. Sofort servieren. Ein Anwärter für den Titel des weltbesten Frühstücks.

Frühstücks-Bagels

Für 4 Personen

4 große Champignons
½ EL Olivenöl
4 Eier
Salz und Pfeffer
4 Bagels, halbiert und getoastet

Die Stiele vollständig aus den Champignons herausdrehen. Mit der Spitze eines scharfen Messers am Stielansatz eine kleine Vertiefung herausschneiden, dort kommt das Ei hinein.

Das Öl in eine beschichtete Pfanne geben und über der Flamme oder dem Grill erhitzen. Je 2 Pilzköpfe gleichzeitig mit der Vertiefung nach oben hineinlegen. 4–5 Minuten braten und wenden, bevor sie beginnen, weich zu werden.

1 Ei in jede Pilzvertiefung geben, mit Salz und Pfeffer bestreuen und 6–8 Minuten weiterbraten, bis die Eier gestockt sind. Mit den restlichen Pilzen ebenso verfahren. Die mit Ei gefüllten Pilze auf einen getoasteten Bagel legen und servieren.

Geröstete Toasties mit Eiern & Speck

Für 2 Personen

1 EL Olivenöl
6 Scheiben Frühstücksspeck
1 EL flüssiger Honig
80 g Mais aus der Dose, abgetropft
2 kleine Tomaten, gewürfelt
1 EL frisch gehackte Petersilie
Salz und Pfeffer
4 Eier
2 Toasties, halbiert, geröstet und mit Butter bestrichen

Das Öl in eine beschichtete Pfanne geben und über der Flamme oder dem Grill erhitzen. Den Speck darin leicht anbräunen. Wenden und von der anderen Seite braten.

Den Honig erhitzen und jeden Speckstreifen damit bestreichen. Den Speck 1 Minute weiterbraten, bis er leicht glänzt. Aus der Pfanne nehmen und zum Warmhalten in Alufolie wickeln.

Mais, Tomaten und Petersilie vermischen und mit Salz und Pfeffer nach Geschmack bestreuen. Die Eier nach Belieben als Spiegelei, Rührei oder pochiertes Ei zubereiten.

Den glasierten Speck mit dem Ei auf je 1 Toastie geben und mit einem Löffel Maismischung bedecken.

Sieben gute Gründe für ein gutes Frühstück

Die Versuchung ist groß, am Morgen gleich von der Luftmatratze zu springen und in den neuen Tag zu starten. Doch dabei sollten Sie das Frühstück nicht vergessen. Hier nennen wir Ihnen einige gute Gründe dafür.

Ein gemeinsames Frühstück, und wenn es auch nur ein Stück Brot ist, schafft für Freunde und Familie eine enge Bindung (und der Duft von gebratenem Speck macht die Nachbarn verrückt!).

Wenn Sie an einem Camping-Hangover leiden, dann ist ein gutes, ausgewogenes Frühstück der beste Start in den Tag.

Eine gute Gelegenheit, ordentlich zu essen und die Pläne für den Tag zu besprechen.

Seien Sie ein gutes Vorbild für die Kinder. Das Frühstück versorgt Sie mit Energie, und die Routine wird für die Kinder nicht unterbrochen, die ja nach dem Urlaub wieder zur Schule gehen müssen.

Zunächst etwas zu essen, stimmt Sie positiv auf den Tag ein – und das können Sie gebrauchen, Sie sind ja schließlich im Urlaub!

Frühstück im Freien auf einem Campingplatz trägt mit zum Wohlbefinden bei. Die Geräusche und der Anblick anderer Camper, die mit einem Frühstück in den Tag starten, bringen Sie dazu, das einfache Leben zu genießen.

Frühstück ist das beste Essen des Tages. Speck, Eier – was soll man sonst noch sagen?

Apfelbrei mit Gewürzen

Für 4 Personen

600 ml Milch oder Wasser
1 TL Salz
120 g Haferflocken
2 große Äpfel
½ TL Lebkuchengewürz
Honig (nach Belieben), zum Servieren

Die Milch in einen Topf geben und langsam über der Flamme oder dem Grill zum Kochen bringen. Salz und Haferflocken einstreuen und ständig rühren.

Auf kleine Hitze stellen und die Haferflocken 10 Minuten köcheln lassen. Dabei gelegentlich rühren.

Inzwischen die Äpfel vierteln, vom Kerngehäuse befreien und raspeln. Wenn der Brei cremig und die meiste Flüssigkeit verdampft ist, Äpfel und Gewürz einrühren. Auf Schüsseln verteilen und mit Honig beträufeln. Dieser Brei ist wunderbar zum Aufwärmen an einem kühlen Morgen.

Griechischer Joghurt mit Honig, Nüssen & Blaubeeren

Für 4 Personen

3 EL flüssiger Honig
100 g gemischte ungesalzene Nüsse
8 EL griechischer Joghurt
200 g frische Blaubeeren

Den Honig langsam in einem kleinen Topf über der Flamme oder dem Grill erhitzen. Die Nüsse hineingeben und rühren, bis sie vollständig mit Honig überzogen sind. Vom Feuer nehmen und leicht abkühlen lassen.

Den Joghurt auf 4 Schalen verteilen und die Nuss-Honig-Mischung darübergeben. Mit den Blaubeeren bestreuen.

Spiegeleier mit Pfiff

Für 2 Personen

2 EL Olivenöl
1 große Zwiebel, fein gehackt
2 grüne oder rote Paprika, grob gehackt
1 Knoblauchzehe, fein gehackt
½ TL Chiliflocken
4 Flaschentomaten, geschält und grob gehackt
Salz und Pfeffer
2 Eier

Das Öl in einer großen beschichteten Pfanne über der Flamme oder dem Grill erhitzen. Die Zwiebel darin goldbraun braten. Paprika, Knoblauch und Chiliflocken darin dünsten, bis die Paprika weich sind.

Die Tomaten einrühren und alles mit Salz und Pfeffer abschmecken. Auf kleiner Hitze 10 Minuten köcheln lassen.

Mit einem Löffelrücken 2 Mulden in die Mischung drücken. Die Eier in die Vertiefungen aufschlagen und mit Salz und Pfeffer bestreuen. Die Eier 3–4 Minuten stocken lassen. Servieren.

Rührei mit Räucherlachs

Für 4 Personen

8 Eier

90 g Sahne

2 EL frisch gehackter Dill, plus etwas mehr zum Garnieren

Salz und Pfeffer

100 g Räucherlachs, in kleine Stücke geschnitten

25 g Butter

8 Scheiben Bauernbrot, getoastet

Die Eier in eine große Schüssel aufschlagen und mit Sahne und Dill verquirlen. Mit Salz und Pfeffer würzen. Den Lachs zufügen und alles vermengen.

Die Butter in einer großen beschichteten Pfanne über der Flamme oder dem Grill erhitzen. Die Eier-Lachs-Mischung in die Pfanne geben. Wenn die Eier allmählich zu stocken beginnen, festgebackenes Ei lösen und die Pfanne vorsichtig schwenken, damit Eiermasse in die Zwischenräume laufen kann. Wenn die Eier fast vollständig gestockt, aber noch cremig sind, die Pfanne vom Feuer nehmen und das Rührei auf die getoasteten Brotscheiben verteilen. Sofort mit etwas Dill garniert servieren.

Chilibohnen mit Würstchen

Für 4 Personen

1 EL Pflanzenöl

4 grobe rohe Schweinebratwürstchen

2 Dosen Baked Beans (à 415 g)

½ TL Chipotle-Paste oder 1 Prise Chiliflocken

Salz und Pfeffer

100 g Emmentaler, gerieben

Das Öl in einer beschichteten Pfanne über der Flamme oder dem Grill erhitzen und die Würstchen darin 15–20 Minuten braten, bis sie goldbraun und gar sind. Aus der Pfanne nehmen und in Stücke schneiden.

Baked Beans und Chipotle-Paste in die Pfanne geben und 4–5 Minuten erhitzen. Die Wurststücke dazugeben und einige Minuten weitergaren. Mit Salz und Pfeffer abschmecken.

Bohnen und Würstchen mit dem geriebenen Käse bestreut servieren.

Mini-Milchbrötchen

Ergibt 8 Brötchen

275 g Weizenmehl
2¾ TL Backpulver
½ TL Salz
175 ml Milch
2 EL flüssiger Honig
Öl, zum Bestreichen
Butter und Konfitüre, zum Servieren

Mehl und Backpulver in eine Schüssel sieben, das Salz zufügen und in die Mitte eine Mulde drücken.

Milch und Honig in einer Schüssel vermischen und in die Mulde geben. Mit einem Löffel zu einem Teig verarbeiten. In 8 Portionen aufteilen und diese zu je einem kleinen runden Brötchen formen. Eine beschichtete Pfanne leicht mit Öl einpinseln und die Brötchen über dem Feuer, dem Ofen oder am Rand des Grills unter regelmäßigem Wenden 10 Minuten backen, bis sich eine Kruste gebildet hat und die Mitte gar ist. Zum Testen mit dem Fingerknöchel dagegenklopfen. Wenn es hohl klingt, sind die Brötchen fertig.

Halbieren und mit reichlich Butter und Konfitüre servieren.

Apfelpfannkuchen mit Ahornsirup

Ergibt 18 Pfannkuchen

200 g Weizenmehl
2 TL Backpulver
100 g Zucker
1 TL Zimtpulver
1 Ei
200 ml Milch
2 Äpfel, geschält und gerieben
1 TL Butter
3 EL Ahornsirup

Mehl, Backpulver, Zucker und Zimt in einer Schüssel verrühren und in die Mitte eine Mulde drücken. Das Ei mit der Milch verquirlen und in die Mulde geben. Alles vorsichtig mit einem Holzlöffel vermengen, dann die geriebenen Äpfel zufügen.

Die Butter in einer großen beschichteten Pfanne langsam über der Flamme oder dem Grill zerlassen, bis sie schäumt. Den Pfannkuchenteig esslöffelweise in kleinen Kreisen in die Pfanne geben. Jeden Pfannkuchen 1 Minute backen, bis er an der Oberfläche leicht Blasen wirft und stockt. Dann wenden und 30 Sekunden von der anderen Seite backen. Der Pfannkuchen sollte goldbraun sein. Aus der Pfanne nehmen und zum Warmhalten in Alufolie wickeln. Auf diese Weise fortfahren, bis der Teig aufgebraucht ist. Dabei ist es nicht nötig, mehr Butter zuzugeben. Die Pfannkuchen auf einen Teller legen und mit dem Ahornsirup beträufeln. Guten Appetit!

Arme Ritter mit Ahornsirup

Für 4–6 Personen

6 Eier
175 ml Milch
¼ TL Zimtpulver
Salz
12 Scheiben Weißbrot vom Vortag
2 EL Butter oder Margarine, plus etwas mehr zum Servieren
½–1 EL Sonnenblumen- oder Maiskeimöl
Ahornsirup, zum Servieren

Die Eier in eine große, flache Schüssel aufschlagen und mit Milch, Zimt und Salz verquirlen. Die Brotscheiben in die Eiermischung drücken, sodass sie vollständig von beiden Seiten überzogen sind. 1–2 Minuten in der Masse ziehen lassen, damit das Brot sich vollsaugen kann. Ein- oder zweimal wenden.

Die Butter mit ½ EL Öl in einer großen beschichteten Pfanne über der Flamme oder dem Grill zerlassen. So viele Brotscheiben in die Pfanne geben, wie nebeneinander hineinpassen, und 2–3 Minuten goldbraun backen.

Die Brotscheiben wenden und von der anderen Seite goldbraun backen. Zum Warmhalten in Alufolie wickeln und mit den restlichen Brotscheiben fortfahren. Bei Bedarf etwas mehr Öl zugeben. Die Armen Ritter auf einen Teller geben, mit Ahornsirup beträufeln und servieren.

Mittagszeit

Tomaten-Brot-Suppe

Für 6 Personen

450 g Krustenbrot vom Vortag
1 kg Flaschentomaten
4 EL Olivenöl
4 Knoblauchzehen, zerdrückt
500 ml kochendes Wasser
Salz und Pfeffer
1 Bund frisches Basilikum
6 EL natives Olivenöl extra, zum Servieren

Das Brot erst in Scheiben, dann in Würfel schneiden (nach Belieben können Sie auch die Kruste entfernen) und 30 Minuten trocknen lassen. Inzwischen die Tomaten schälen und in große Stücke schneiden.

Das Olivenöl langsam in einem großen Topf über der Flamme oder dem Grill erhitzen. Den Knoblauch darin 1 Minute unter Rühren garen. Die Tomaten zufügen und 20–30 Minuten sanft köcheln lassen, bis die Mischung eindickt.

Die Brotwürfel zugeben und rühren, bis sie die Flüssigkeit aufgenommen haben. Das kochende Wasser zugießen. Die Suppe sollte nun eine dickflüssige Konsistenz haben. Mit Salz und Pfeffer abschmecken.

Die Basilikumblätter von den Stängeln zupfen und mit den Fingern in Stücke zerzupfen. In die Suppe rühren.

Auf sechs Teller verteilen und jede Portion mit 1 Esslöffel Olivenöl beträufelt servieren.

Hühnernudelsuppe

Für 4–6 Personen

2 Hähnchenbrustfilets
1,2 l Wasser oder Hühnerbrühe
3 Karotten, geschält und
in 5 mm dicke Scheiben
geschnitten
80 g Vermicelli
(oder andere kleine Nudeln)
Salz und Pfeffer

Das Fleisch in einen großen Topf geben, das Wasser zugießen und über der Flamme oder dem Grill zum Kochen bringen. 25–30 Minuten köcheln lassen, dabei den Schaum, der sich auf der Oberfläche bildet, abschöpfen. Das Fleisch aus dem Sud nehmen und zum Warmhalten in Alufolie wickeln.

Den Sud weiterköcheln lassen, Karotten und Vermicelli hineingeben und 4–5 Minuten darin kochen.

Das Fleisch in dünne Scheiben schneiden und auf Becher oder Schalen verteilen.

Die Suppe mit Salz und Pfeffer abschmecken. Über das Fleisch gießen und servieren. Eine perfekte Bechermahlzeit!

Maisküchlein

Ergibt 8–10 Küchlein

1 Ei
200 ml Milch
100 g Weizenmehl
1 TL Backpulver
80 g Mais aus der Dose
4 EL geriebener Emmentaler
1 TL Schnittlauchröllchen
2 TL Sonnenblumenöl

Ei und Milch mit einer Gabel in einer Schüssel verrühren. Mehl und Backpulver zugeben und alles zu einer glatten Mischung verrühren. Mais, Käse und Schnittlauchröllchen einrühren. Das Öl in einer beschichteten Pfanne über der Flamme oder dem Grill erhitzen. Den Teig teelöffel- oder esslöffelweise in die Pfanne geben und die Küchlein von jeder Seite 1–2 Minuten braten, bis sie aufgegangen und goldbraun sind.

Auf Küchenpapier abtropfen lassen und servieren.

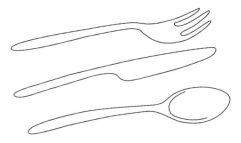

Spinat-Mozzarella-Omelett

Für 4 Personen

1 EL Öl
1 EL Butter
4 Eier, leicht verquirlt
Salz und Pfeffer
40 g Mozzarella, in mundgerechte Stücke geschnitten
1 kleine Handvoll Babyspinat, Stiele entfernt

Das Öl in einer großen beschichteten Pfanne über der Flamme oder dem Grill erhitzen. Die Butter zugeben. Wenn sie zu schäumen beginnt, die Eier hineingießen und mit Salz und Pfeffer bestreuen. Das Ei mit dem Rücken einer Gabel leicht verrühren, bis sich große Stücke bilden. Einige Sekunden stocken lassen, dann die Pfanne schwenken und mit einem Messer die Eiermasse anheben, sodass die flüssige Mischung auf den Pfannenboden fließt und gleichmäßig stockt.

Käse und Spinat auf die Oberfläche geben und einige Sekunden weiterbraten. Wenn die Oberfläche fest wird, das Omelett zur Hälfte darüberklappen. Während das Omelett brät, mit der Messerschneide auf die Oberfläche drücken. Das Omelett wenden und einige Minuten braten, bis der Käse schmilzt und der Spinat zusammenfällt.

Das Omelett auf einen Teller gleiten lassen und in Streifen schneiden. Warm oder kalt servieren.

Tomatenbruschetta

Für 4 Personen

8 Scheiben Bauernbrot, getoastet
4 Knoblauchzehen, halbiert
8 Flaschentomaten,
geschält und gewürfelt
Salz und Pfeffer
natives Olivenöl extra, zum Beträufeln
frische Basilikumblätter, zum Garnieren

Jede Brotscheibe mit einer halben Knoblauchzehe einreiben.

Die Tomatenwürfel gleichmäßig auf die Brotscheiben verteilen. Nach Geschmack mit Salz und Pfeffer bestreuen und mit Olivenöl beträufeln. Mit Basilikumblättern garniert sofort servieren.

Käsesandwich mit Hähnchen & Chutney

Für 4 Personen

8 Vollkorn-Toastscheiben

2 TL weiche Butter

200 g gegartes Hähnchenfleisch, in Scheiben geschnitten

100 g Gouda, in Scheiben geschnitten

8 EL Frucht-Chutney, z. B. Feige oder Apfel

Eine beschichtete Pfanne über der Flamme oder dem Grill erhitzen. Eine Seite von jeder Brotscheibe mit der Butter bestreichen.

Eine Toastscheibe mit der gebutterten Seite in die Pfanne legen und ein Viertel des Hähnchens und des Käses darauf verteilen. Eine zweite Toastscheibe auf der nicht gebutterten Seite mit einem Viertel des Chutneys bestreichen und mit der Chutney-Seite auf das Toast in der Pfanne legen. Fest zusammenpressen.

Abdecken und bei kleiner Hitze von jeder Seite 2–3 Minuten braten, bis das Brot leicht getoastet und der Käse geschmolzen ist.

Den Vorgang mit den restlichen Zutaten wiederholen. Die Füllung kann je nach Geschmack variiert werden.

Wraps mit Fleisch & Blauschimmelkäse

Für 4 Personen

250 g Rinderhüftsteak
Salz und Pfeffer
1 EL Olivenöl
1 EL Mayonnaise
125 g Blauschimmelkäse, zerbröselt
4 Weizentortillas (25 cm ø)

Das Steak mit Salz und Pfeffer bestreuen.

Eine beschichtete Pfanne über der Flamme oder dem Grill sehr stark erhitzen. Das Öl hineingeben, dann das Steak von jeder Seite, je nach Geschmack, 30–60 Sekunden braten. Aus der Pfanne nehmen und einige Minuten beiseitelegen. Das Fleisch mit einem scharfen Messer in Streifen schneiden.

Mayonnaise und Käse vermischen. Die Pfanne erneut sehr stark erhitzen, dann die Wraps jeweils 10 Sekunden von jeder Seite darin anbräunen.

Das Fleisch zu gleichen Teilen auf die Mitte der Wraps geben, die Mayonnaise-Käse-Mischung darauf verteilen und aufrollen. Die Rollen halbieren und servieren.

Lagerfeuer-Quesadillas

Für 1 Person

2 Weizenmehltortillas
1–2 EL Tomatensauce
25 g frisch geriebener Manchego oder ein anderer Hartkäse
4 Scheiben Chorizo, gehackt

Eine beschichtete Pfanne über der Flamme oder dem Grill leicht erhitzen.

Eine Tortilla mit der Sauce bestreichen und in die Pfanne geben. Mit Käse und Chorizo bestreuen und mit der anderen Tortilla belegen. 1–2 Minuten braten, bis die Tortilla zu bräunen beginnt.

Die Quesadilla mit einem Messer wenden und 1–2 Minuten weiterbraten, bis der Käse geschmolzen und die Tortilla leicht gebräunt ist.

Fisch in Folie

Für 4 Personen

2 Bund frisches Basilikum
80 g weiche Butter
4 Knoblauchzehen, zerdrückt
4 Red Snapper oder Rotbarben (à 350 g), küchenfertig
Salz und Pfeffer

Aus doppelt gelegter Alufolie 4 Quadrate zurechtschneiden, die groß genug sind, um den Fisch vollständig darin einzuwickeln.

4 Basilikumstängel als Garnierung beiseitelegen und das restliche Basilikum hacken. Die Butter mit einem Holzlöffel in einer Schüssel verrühren, dann Basilikum und Knoblauch einarbeiten.

Den Fisch innen und außen mit Salz und Pfeffer bestreuen. Je 1 Fisch auf eine Folie legen und in die Bauchhöhle jedes Fisches ein Viertel der Knoblauch-Basilikum-Butter füllen. Die Fische einzeln in die vorbereiteten Folienquadrate einwickeln.

Die Päckchen 25–30 Minuten über der Flamme oder auf dem Grill garen, bis das Fleisch sich leicht mit einem Messer zerteilen lässt. Die Fischpäckchen auf Teller legen und auswickeln. Vorsichtig den Fisch herausnehmen, dabei den Sud im Teller auffangen. Sofort servieren.

Miesmuscheln in Sahnesauce

Für 4 Personen

2 kg Miesmuscheln
300 ml trockener Cidre
6 Schalotten, fein gehackt
Salz und Pfeffer
6 EL Schlagsahne

Die Muscheln unter fließend kaltem Wasser abbürsten, dabei die Bärte mit einem Messer abschneiden. Muscheln mit beschädigten Schalen oder solche, die sich beim Gegenklopfen nicht schließen, aussortieren und entsorgen.

Den Cidre in einen Topf gießen, die Schalotten zugeben und mit Salz und Pfeffer würzen. Über der Flamme oder dem Grill zum Kochen bringen und 2 Minuten kochen lassen.

Die Muscheln hineingeben, mit einem gut sitzenden Deckel verschließen und bei hoher Hitze 5 Minuten kochen, bis sich alle Muscheln geöffnet haben. Dabei den Topf gelegentlich schütteln. Die Muscheln mit einem Schaumlöffel herausheben und warm halten. Muscheln, die sich nicht geöffnet haben, entsorgen.

Den Kochsud in einen Topf abgießen. Zum Kochen bringen und 8–10 Minuten köcheln lassen, bis der Sud um die Hälfte reduziert ist. Die Sahne einrühren und die Muscheln hineingeben. Die Muscheln 1 Minute erhitzen, dann servieren.

Hähnchenspieße Satay

Für 4 Personen

4 EL feine Erdnussbutter
100 ml Sojasauce
4 Hähnchenbrustfilets, in
Streifen geschnitten

Bei der Verwendung von Holzspießen diese vor dem Gebrauch 30 Minuten in kaltem Wasser einlegen, damit sie nicht anbrennen. Pro Person ein Spieß.

Erdnussbutter und Sojasauce in einer Schüssel vermengen, bis die Mischung glatt ist. Die Hähnchenstücke einrühren.

Die Fleischstücke auf die gewässerten Spieße stecken und über der Flamme oder dem Grill braten, bis sie gar sind. Servieren.

Kohl-Kartoffel-Pfanne

Für 4 Personen

450 g mehligkochende Kartoffeln, gewürfelt
250 g Wirsing, in Streifen geschnitten
5 EL Pflanzenöl
2 Porreestangen, gehackt
1 Knoblauchzehe, zerdrückt
250 g geräucherter Tofu, abgetropft und gewürfelt
Salz und Pfeffer
in Scheiben geschnittener gegarter Porree, zum Garnieren

Leicht gesalzenes Wasser in einem Topf über der Flamme oder dem Grill zum Kochen bringen und die Kartoffeln darin 10 Minuten garen. Abgießen und zerstampfen.

Inzwischen in einem zweiten Topf den Wirsing 5 Minuten in kochendem Wasser garen. Gut abgießen und zu den Kartoffeln geben.

Das Öl in einer großen beschichteten Pfanne erhitzen. Porree und Knoblauch hineingeben und 2–3 Minuten über kleiner Hitze braten. Die Kartoffel-Kohl-Mischung einrühren.

Den geräucherten Tofu zufügen und gut mit Salz und Pfeffer bestreuen. Bei hoher Hitze 10 Minuten braten.

Die ganze Mischung wenden und 5–7 Minuten weiterbraten, bis die Unterseite knusprig ist.

Mit dem Porree garnieren und sofort servieren.

Ratatouille mit pochierten Eiern

Für 4 Personen

2 EL Olivenöl
1 große Zwiebel, in Ringe geschnitten
2 Paprika (Farbe beliebig), in dünne Streifen geschnitten
2 Zucchini, in Scheiben geschnitten
1 kleine Aubergine, längs halbiert und in Scheiben geschnitten
2 Knoblauchzehen, gehackt
300 g gehackte Tomaten mit Kräutern aus der Dose
2 TL geräuchertes Paprikapulver
Salz und Pfeffer
8 kleine Eier

Das Öl langsam in einer großen beschichteten Pfanne mit Deckel über der Flamme oder dem Grill erhitzen. Zwiebel und Paprika darin unter ständigem Rühren 4–5 Minuten braten, bis sie weich werden.

Zucchini, Aubergine und Knoblauch zugeben und unter Rühren 2 Minuten braten. Gehackte Tomaten, 1½ TL Paprikapulver und etwas Salz und Pfeffer zugeben. Alles verrühren und aufkochen. Auf kleine Hitze regeln, abdecken und 45 Minuten köcheln lassen. Falls die Mischung zu trocken wird, etwas Wasser oder zusätzliche gehackte Tomaten zugeben.

8 Vertiefungen in die Ratatouille drücken und je 1 Ei darin aufschlagen. Abdecken und 10 Minuten weiterköcheln lassen, bis das Eiweiß gestockt, das Eigelb aber noch flüssig ist.

Mit dem restlichen Paprikapulver bestreut servieren.

Kartoffelpfanne

Für 4 Personen

Salz
700 g festkochende Kartoffeln, ungeschält in Scheiben geschnitten
1 Karotte, gewürfelt
250 g Brokkoliröschen
5 EL Butter
2 EL Pflanzenöl
1 rote Zwiebel, geviertelt
2 Knoblauchzehen, zerdrückt
200 g fester Tofu, abgetropft und gewürfelt
2 EL frisch gehackter Salbei
75 g Gouda, gerieben

Leicht gesalzenes Wasser in einem großen Topf über der Flamme oder dem Grill zum Kochen bringen und die Kartoffelscheiben darin 10 Minuten garen. Gut abgießen.

Inzwischen Karotte und Brokkoliröschen in einem zweiten Topf mit kochendem Wasser 5 Minuten garen. Abgießen.

Butter und Öl in einer großen beschichteten Pfanne erhitzen. Zwiebel und Knoblauch zugeben und 2–3 Minuten dünsten. Die Hälfte der Kartoffelscheiben zufügen, sodass der Boden der Pfanne bedeckt ist.

Darüber Karotten, Brokkoli und Tofu geben und leicht salzen. Mit dem Salbei bestreuen und mit den restlichen Kartoffelscheiben bedecken. Den geriebenen Käse darüberstreuen.

Über starker Hitze 8–10 Minuten braten. Dann die Pfanne 6–8 Minuten mit Alufolie abdecken, damit der Käse schmilzt. Servieren und genießen.

Mini-Pizzas

Für 4 Personen

4 EL Pizzasauce oder Tomatenmark

4 Vollkorn- oder weiße Toasties, halbiert

2 EL entsteinte und gehackte schwarze Oliven

3 kleine Champignons, in feine Scheiben geschnitten

100 g Salami, in feine Scheiben geschnitten

125 g Mozzarella, in feine Scheiben geschnitten

Die Pizzasauce gleichmäßig auf den Toasties verstreichen.

Oliven, Pilze und Wurst darüberstreuen.

Die Mozzarellascheiben darüberlegen und die Toasties nebeneinander in eine große beschichtete Pfanne legen (etwa 4 Toastiehälften gleichzeitig). Fest mit Alufolie abdecken und über die Flamme oder den Grill setzen. 8–10 Minuten braten, bis der Käse schmilzt, dabei regelmäßig prüfen, dass die Toasties nicht anbrennen.

Indischer Hähnchentopf

Für 4 Personen

850 ml Kokosmilch

200 ml Hühnerbrühe

2–3 EL Laksa-Paste

3 Hähnchenbrustfilets (à 175 g), in Streifen geschnitten

250 g Cocktailtomaten, halbiert

250 g Zuckererbsen, halbiert

200 g getrocknete Reisnudeln

1 Bund frischer Koriander, grob gehackt

Kokosmilch und Brühe in einen Topf geben und die Laksa-Paste einrühren. Die Hähnchenstreifen zugeben und über der Flamme oder dem Grill 10–15 Minuten köcheln lassen, bis das Hähnchen gar ist.

Tomaten, Zuckererbsen und Nudeln einrühren. 2–3 Minuten weiterköcheln lassen, dann den Koriander einrühren und sofort servieren. Schnell zubereitet und genussvoll verzehrt!

Lammeintopf

Für 4–6 Personen

1,3 kg Kartoffeln, geschält

1 kg Lammnacken oder anderes Lammschmorfleisch, Fett entfernt

500 g Zwiebeln, in feine Ringe geschnitten

Salz und Pfeffer

850 ml Wasser

2 EL frisch gehackte Petersilie

Die Hälfte der Kartoffeln in dünne Scheiben schneiden. In einem großen beschichteten Topf mit Deckel Lammfleisch, Zwiebeln und Kartoffelscheiben schichten. Jede Lage mit Salz und Pfeffer bestreuen. Das Wasser zugießen, sodass die Zutaten gerade bedeckt sind.

Über der Flamme oder dem Grill das Wasser zum Kochen bringen. Auf kleine Hitze stellen, abdecken und 1 Stunde 45 Minuten köcheln lassen. Die restlichen Kartoffeln vierteln und auf die Zutaten im Topf zum Dämpfen legen. Wieder abdecken und 45 Minuten köcheln lassen, bis die Kartoffelstücke gar sind.

Die gedämpften Kartoffeln am Rand der Servierschalen platzieren. Fleisch, Zwiebeln und Kartoffelscheiben in die Mitte geben. Die Suppe mit Salz und Pfeffer abschmecken, dann über das Fleisch löffeln. Mit der Petersilie bestreuen und servieren.

Hähnchen-Aprikosen-Topf

Für 4 Personen

40 g Weizenmehl
Salz und Pfeffer
4 Hähnchenteile
4 EL Olivenöl
350 g getrocknete Aprikosen, über Nacht in 600 ml Wasser eingeweicht

Das Mehl in einen Gefrierbeutel geben und mit Salz und Pfeffer würzen. Die Hähnchenteile in dem Mehl wenden, überschüssiges Mehl abschütteln.

Das Öl in einen Topf gießen und langsam über der Flamme oder dem Grill erhitzen. Das Hähnchen hineingeben und unter Wenden 8–10 Minuten anbräunen. Mit einem Schaumlöffel herausheben.

Die Aprikosen abtropfen und die Einweichflüssigkeit aufbewahren. Das restliche Mehl aus dem Beutel in den Topf geben und 2 Minuten unter ständigem Rühren anschwitzen. Nach und nach die Einweichflüssigkeit zugießen und unter ständigem Rühren aufkochen lassen.

Die Aprikosen zugeben und die Hähnchenteile zurück in den Topf geben. Abdecken und 45 Minuten sanft kochen lassen, bis das Hähnchenfleisch zart und gar ist. An der dicksten Stelle mit einem Messer einstechen. Wenn klarer Fleischsaft austritt, ist das Hähnchen gar. Sofort servieren.

Nudeln mit Ricotta, Minze & Knoblauch

Für 4 Personen

Salz und Pfeffer

300 g kurze Nudeln

140 g Ricotta

1–2 geröstete eingelegte Knoblauchzehen, fein gehackt

150 g Schlagsahne

1 EL frisch gehackte Minze

Leicht gesalzenes Wasser in einem Topf über der Flamme oder dem Grill zum Kochen bringen und die Nudeln darin al dente garen.

Ricotta, Knoblauch, Sahne und Minze in einer Schüssel glatt rühren.

Die gekochten Nudeln abgießen und in den Topf zurückgeben. Die Käsemischung darübergeben und gut vermischen.

Mit Pfeffer bestreuen und sofort servieren.

Schlechtwetterblues
(und was man dagegen tun kann)

Manche Menschen können sehr erfinderisch sein, wenn das Wetter Kapriolen schlägt. Sie sollten beim Campen aber auf jeden Fall gegen schlechtes Wetter gewappnet sein. Hier einige Ideen, wie man den Blues überwinden kann.

Recherchieren Sie noch vor der Reise im Internet, ob es in der Nähe Sehenswürdigkeiten gibt, die man sich bei Regenwetter anschauen kann. Drucken Sie die Informationen aus und nehmen Sie diese mit auf die Reise.

Gehen Sie zur nächsten Touristeninformation und erkundigen Sie sich dort nach alternativen Freizeitmöglichkeiten. Recherchieren Sie im Internet.

Packen Sie Kakao und einen Drachen für windige Tage ein. Das macht Spaß!

Schreiben Sie ein Reisetagebuch mit der ganzen Familie. Halten Sie darin fest, was Sie jeden Tag gemacht haben, und kleben Sie auch Ansichtskarten, Eintrittskarten und Flyer hinein. Eine tolle Erinnerung!

Spielen Sie Brettspiele oder Rätselspiele, die sich für die ganze Familie eignen. Auch Schattentheater mit einer Taschenlampe im Zelt macht großen Spaß.

Penne mit Würstchen

Für 4–6 Personen

2 EL Olivenöl
1 rote Zwiebel, grob gehackt
2 Knoblauchzehen, grob gehackt
6 frische Bratwürstchen, gehäutet und das Wurstbrät zerkleinert
½ TL Chiliflocken
2 EL frisch gehackter Oregano
400 g gehackte Tomaten aus der Dose
Salz und Pfeffer
350 g Penne

Das Öl in einer großen Pfanne über der Flamme oder dem Grill erhitzen. Die Zwiebel darin unter häufigem Rühren 6–8 Minuten dünsten, bis sie braun wird. Knoblauch und Wurstbrät hineingeben und 8–10 Minuten braten, dabei das Fleisch mit einem Holzlöffel zerteilen.

Chiliflocken und Oregano einrühren. Die Tomaten zugießen und zum Kochen bringen. Auf kleine Hitze stellen und 4–5 Minuten einkochen lassen. Mit Salz und Pfeffer abschmecken.

Inzwischen leicht gesalzenes Wasser in einem großen Topf zum Kochen bringen. Die Nudeln hineingeben, umrühren, das Wasser erneut aufkochen und 10–12 Minuten kochen lassen, bis die Nudeln al dente sind. Abgießen und in den Topf zurückgeben.

Die Sauce über die Nudeln gießen und umrühren. Servieren.

Kartoffel-Curry mit Spinat

Für 4 Personen

4 Tomaten
2 EL Pflanzenöl
2 Zwiebeln, in Spalten geschnitten
2,5-cm-Stück frische Ingwerwurzel, geschält und fein gehackt
1 Knoblauchzehe, gehackt
2 EL gemahlener Koriander
450 g Kartoffeln, in Würfel geschnitten
600 ml Gemüsebrühe
1 EL rote Thai-Currypaste
Salz und Pfeffer
250 g Spinatblätter

Die Tomaten in eine hitzebeständige Schüssel geben und mit kochendem Wasser bedecken. 2–3 Minuten ziehen lassen, dann in kaltes Wasser legen und die Haut abziehen. Die Tomaten vierteln und entkernen. Beiseitestellen.

Das Öl langsam in einer großen beschichteten Pfanne über der Flamme oder dem Grill erhitzen. Zwiebeln, Ingwer und Knoblauch darin 2–3 Minuten dünsten, bis sie weich werden. Koriander und Kartoffeln zugeben, auf hohe Hitze stellen und 2–3 Minuten braten. Brühe und Curry-Paste zufügen und mit Salz und Pfeffer würzen. Das Ganze unter gelegentlichem Rühren zum Kochen bringen. Auf kleine Hitze stellen und 10–15 Minuten köcheln lassen, bis die Kartoffeln weich sind.

Spinat und Tomatenviertel zugeben und unter Rühren 1 Minute kochen, bis der Spinat zusammenfällt. Sofort servieren.

Pilze Stroganoff

Für 4 Personen

25 g Butter
1 Zwiebel, fein gehackt
450 g Champignons, geviertelt
1 TL Tomatenmark
1 TL körniger Senf
150 g Crème fraîche
1 TL Paprikapulver, plus etwas mehr zum Garnieren
Salz und Pfeffer

Die Butter in einer großen beschichteten Pfanne über der Flamme oder dem Grill erhitzen. Die Zwiebel darin 5–10 Minuten dünsten, bis sie weich ist.

Die Pilze in die Pfanne geben und einige Minuten braten, bis sie weich werden. Tomatenmark und Senf zugeben, dann die Crème fraîche einrühren. Unter ständigem Rühren 5 Minuten köcheln lassen.

Mit Paprikapulver, Salz und Pfeffer bestreuen und verrühren. Mit etwas Paprikapulver garniert sofort servieren.

Beefburger mit Chili & Basilikum

Für 4 Personen

650 g Rinderhackfleisch
1 rote Paprika, fein gehackt
1 Knoblauchzehe, fein gehackt
2 kleine rote Chilis, entkernt und fein gehackt
1 EL frisch gehacktes Basilikum, plus einige Blätter zum Garnieren
½ TL gemahlener Kreuzkümmel
Salz und Pfeffer
Hamburgerbrötchen, zum Servieren

Hackfleisch, Paprika, Knoblauch, Chilis, gehacktes Basilikum und Kreuzkümmel in einer Schüssel gut vermischen. Mit Salz und Pfeffer würzen. Mit den Händen aus der Mischung 4 Burger formen.

Die Burger 5–8 Minuten von jeder Seite über der Flamme oder dem Grill braten, bis sie durchgegart sind. Mit Basilikumblättern garnieren und in Hamburgerbrötchen servieren.

Bohnen-Burger

Für 4 Personen

420 g Kidneybohnen aus der Dose, abgespült und abgetropft

410 g Kichererbsen aus der Dose, abgespült und abgetropft

1 Eigelb

¼ TL geräuchertes Paprikapulver

50 g frische Semmelbrösel

3 Frühlingszwiebeln, fein gehackt

Salz und Pfeffer

Brötchen, Schmand, Salatblätter und Tomatenscheiben, zum Servieren

Bohnen und Kichererbsen in eine Schüssel geben, Eigelb, Paprikapulver, Semmelbrösel, Frühlingszwiebeln, Salz und Pfeffer zugeben. Alles mit einer Gabel zerdrücken und vermengen. Die Mischung sollte so zerdrückt sein, dass sie gebunden ist, die Zutaten aber noch zu erkennen sind.

Mit den Händen aus der Mischung 4 Burger formen.

Die Burger 5–8 Minuten von jeder Seite über der Flamme oder dem Grill braten, bis sie durchgegart sind.

Die Burger in die Brötchen legen und einen Löffel Schmand daraufgeben. Mit knackigen Salatblättern und Tomatenscheiben belegen und servieren.

Glasierte Schweinekoteletts

Für 4 Personen

4 magere Schweinekoteletts
Salz und Pfeffer
4 EL flüssiger Honig
1 EL trockener Sherry
4 EL Orangensaft
2 EL Olivenöl
2,5-cm-Stück Ingwerwurzel, gerieben
Sonnenblumenöl

Die Koteletts nach Geschmack salzen und pfeffern. Beiseitelegen, während die Glasur zubereitet wird.

Für die Glasur Honig, Sherry, Orangensaft, 1 Esslöffel Olivenöl und Ingwer in eine kleine Schüssel geben. Langsam und unter ständigem Rühren über der Flamme oder dem Grill erhitzen, bis alles gut vermischt ist.

Restliches Olivenöl und Sonnenblumenöl in einer großen Pfanne erhitzen und die Schweinekoteletts von jeder Seite 5 Minuten braten.

Die Koteletts mit der Glasur bestreichen und von jeder Seite weitere 2–4 Minuten braten, dabei immer wieder mit der Glasur bestreichen.

Die Koteletts auf Teller verteilen und sofort heiß servieren.

Würzige Tomaten-Hähnchen-Spieße

Für 4 Personen

500 g Hähnchenbrustfilet
3 EL Tomatenmark
2 EL flüssiger Honig
2 EL Worcestersauce
1 EL frisch gehackter Rosmarin
250 g Cocktailtomaten

Bei der Verwendung von Holzspießen diese vor dem Gebrauch 30 Minuten in kaltem Wasser einlegen, damit sie nicht anbrennen. Pro Person ein Spieß.

Mit einem scharfen Messer das Fleisch in Stücke schneiden und in eine Schüssel geben. Tomatenmark, Honig, Worcestersauce und Rosmarin in einer separaten Schüssel vermengen, dann die Mischung zum Hähnchen geben und gut verrühren.

Die Fleischstücke abwechselnd mit den Tomaten auf die gewässerten Spieße oder auf Metallspieße stecken.

Die Fleischspieße mit der restlichen Glasur bestreichen und unter gelegentlichem Wenden über der Flamme oder dem Grill braten, bis sie gar sind. Servieren.

Gemüsespieße mit Yakitori-Sauce

Für 4 Personen

1 große Zucchini, in Scheiben geschnitten

4 Frühlingszwiebeln, diagonal in Streifen geschnitten

1 orange Paprika, gewürfelt

100 g Champignons, abgetupft

8 Cocktailtomaten

Yakitori-Sauce

1 EL Sojasauce

1 EL flüssiger Honig

1 EL Reisessig

Bei der Verwendung von Holzspießen diese vor dem Gebrauch 30 Minuten in kaltem Wasser einlegen, damit sie nicht anbrennen. Pro Person ein Spieß.

Das Gemüse gleichmäßig verteilt auf vier gewässerte Spieße oder auf Metallspieße stecken.

Die Zutaten für die Yakitori-Sauce in einer Schüssel vermischen und über die Gemüsespieße träufeln.

Die Spieße unter gelegentlichem Wenden über der Flamme oder dem Grill 10–12 Minuten braten, bis das Gemüse zart, aber nicht zu weich ist.

Lachs-Artischocken-Päckchen

Für 4 Personen

4 Lachssteaks (à 175 g)
½ Zitrone, in Scheiben geschnitten
1 Zwiebel, in Ringe geschnitten
4 frische Dillstängel
4 Artischockenherzen aus der Dose
4 EL Olivenöl
4 EL frisch gehackte glatte Petersilie
Salz und Pfeffer

Aus doppelt gelegter Alufolie 4 Quadrate zurechtschneiden, die groß genug sind, um die Lachssteaks vollständig darin einzuwickeln. Die Fischstücke auf die Folien geben und mit Zitronenscheiben, Zwiebelringen und je 1 Dillstängel belegen. Je 1 Artischockenherz darauflegen.

Die Seiten der Päckchen hochfalten. Je 1 Esslöffel Olivenöl und 1 Esslöffel Petersilie in jedes Päckchen geben und mit Salz und Pfeffer bestreuen. Die Päckchen fest verschließen.

Den Fisch 15 Minuten über der Flamme oder auf dem Grill garen, dabei einmal wenden. Die Lachspäckchen auf Teller legen und auswickeln. Sofort servieren.

Sonnenschein-Risotto

Für 6 Personen

12 sonnengetrocknete Tomaten
2 EL Olivenöl
1 große Zwiebel, fein gehackt
4–6 Knoblauchzehen, fein gehackt
400 g Risotto-Reis
1,5 l kochend heiße Hähnchen- oder Gemüsebrühe
Salz und Pfeffer
2 EL frisch gehackte glatte Petersilie
120 g frisch geriebener Parmesan

Die getrockneten Tomaten in eine hitzebeständige Schüssel geben und mit kochendem Wasser begießen. 30 Minuten ziehen lassen, bis sie weich sind. Abgießen und mit Küchenpapier trocken tupfen, dann in feine Streifen schneiden und beiseitestellen.

Das Öl in einem tiefen Topf über der Flamme oder dem Grill langsam erhitzen. Die Zwiebel hineingeben und unter gelegentlichem Rühren 2 Minuten dünsten, bis sie weich wird. Den Knoblauch zugeben und 15 Sekunden weiterdünsten. Auf kleine Hitze stellen, den Reis zugeben und mit dem Öl überziehen. Unter ständigem Rühren 2–3 Minuten braten, bis die Reiskörner glasig sind.

Nach und nach mit einer Schöpfkelle die heiße Brühe zugießen. Dabei ständig rühren und wenn die Brühe aufgesogen ist, erneut eine Schöpfkelle zugießen. Auf starke Hitze stellen, damit die Flüssigkeit kocht. Nach etwa 15 Minuten die eingeweichten Tomaten einrühren und mit Salz und Pfeffer würzen. Weiterhin Brühe zugießen und ständig rühren, bis die gesamte Brühe aufgebraucht und der Reis cremig ist. Das dauert etwa 20 Minuten.

Den Topf vom Feuer nehmen, dann Petersilie und die Hälfte des Parmesans einrühren. Den Risotto auf Teller verteilen und mit dem restlichen Parmesan bestreut servieren.

Hähnchen-Risotto mit Safran

Für 4 Personen

125 g Butter
900 g Hähnchenbrustfilet, in dünne Scheiben geschnitten
1 große Zwiebel, gehackt
500 g Risotto-Reis
150 ml Weißwein
1 TL zerbröselte Safranfäden
1,3 l köchelnde Hühnerbrühe
Salz und Pfeffer
50 g frisch geriebener Parmesan

Die Hälfte der Butter in einem tiefen Topf über der Flamme oder dem Grill erhitzen. Fleisch und Zwiebel zugeben und unter ständigem Rühren 8 Minuten goldbraun braten.

Den Reis einrühren und mit der Butter überziehen. 2–3 Minuten unter ständigem Rühren braten, bis die Reiskörner glasig sind. Den Wein zugießen und unter ständigem Rühren 1 Minute kochen, bis er reduziert ist.

Den Safran mit 4 Esslöffeln heißer Brühe verrühren. Die Mischung zum Reis geben und unter ständigem Rühren kochen, bis sie aufgesogen ist.

Nach und nach mit einer Schöpfkelle die heiße Brühe zugießen. Dabei ständig rühren und wenn die Brühe aufgesogen ist, erneut eine Schöpfkelle zugießen. 20 Minuten garen, bis die gesamte Brühe aufgebraucht und der Reis cremig ist. Mit Salz und Pfeffer abschmecken.

Den Risotto vom Feuer nehmen und die restliche Butter zugeben. Dann den Parmesan einrühren, bis er geschmolzen ist. Den Risotto auf Schalen verteilen und servieren.

Einfache Calzone-Pizza

Für 4 Personen

4 Weizenmehltortillas

8 EL Pizzasauce oder Tomatenmark

200 g gegartes Hähnchenfleisch, in Streifen geschnitten

200 g Mozzarella, abgetropft und in Stücke zerzupft

1 Handvoll frische Basilikumblätter, zerzupft

Salz und Pfeffer

Jede Tortilla gleichmäßig mit 2 Esslöffeln Pizzasauce bestreichen. Mit Hähnchen, Mozzarella und Basilikum belegen. Mit Salz und Pfeffer bestreuen.

Eine beschichtete Pfanne über der Flamme oder dem Grill erhitzen. Darin jeweils 1 Calzone zubereiten. Dafür zuerst die Tortilla 2 Minuten braten. Dann eine Hälfte über die Füllung klappen, andrücken und von jeder Seite 1 Minute braten. Das Innere sollte sehr heiß sein und der Käse zu schmelzen beginnen.

Die 3 anderen Calzone ebenso zubereiten und servieren.

Perfekte Beilagen

Knoblauchbaguette

Für 6 Personen

150 g weiche Butter
3 Knoblauchzehen, zerdrückt
2 EL frisch gehackte Petersilie
Salz und Pfeffer
1 Baguette

Butter, Knoblauch und Petersilie in einer Schüssel vermengen. Mit Salz und Pfeffer abschmecken.

In das Brot einige Längsschnitte machen, dabei darauf achten, dass das Brot nicht durchgeschnitten wird.

Die Knoblauchbutter in die Einschnitte streichen und das Brot auf ein großes Stück Alufolie legen.

Das Brot in die Alufolie einwickeln und über dem Feuer oder Grill 10–15 Minuten backen, bis die Butter geschmolzen und das Brot heiß ist. Eine klassische Beilage, die in freier Natur besonders gut schmeckt.

Gefüllte Kartoffeln

Für 4 Personen

1 EL Olivenöl
4 große mehligkochende Kartoffeln, abgebürstet
Salz

Makrelen-Sahne-Füllung
4 geräucherte Makrelenfilets
2 EL Butter
8 EL saure Sahne
Pfeffer

Wurst-Zwiebel-Füllung
1 EL Olivenöl
1 rote Zwiebel, fein gehackt
8 Schweinewürstchen
1 Handvoll frische Petersilie, fein gehackt
Tomaten-Relish oder Salsa, zum Servieren
Pfeffer

Das Öl auf ein Stück Küchenpapier geben und die Kartoffeln damit einölen. Leicht mit Salz bestreuen.

Die Kartoffeln fest in Alufolie einwickeln und über der Flamme oder dem Grill (etwas auf der Seite, nicht direkt am heißen Punkt) 1 Stunde backen. Die Garzeit hängt von der Größe der Kartoffeln und der Temperatur von Feuer bzw. Kohlen ab. Die Kartoffeln sind gar, wenn die Spitze eines scharfen Messers leicht in die Mitte eingestochen werden kann.

Für die Makrelen-Sahne-Füllung die Fischfilets auseinanderzupfen und mit der Butter vermengen. Die Mischung auf die gegarten, aufgeschnittenen Kartoffeln geben, mit der sauren Sahne bestreichen und mit Pfeffer würzen.

Für die Wurst-Zwiebel-Füllung das Öl in einer beschichteten Pfanne über der Flamme oder dem Grill erhitzen und die Zwiebel darin 5–10 Minuten dünsten. Das Wurstbrät aus der Pelle drücken und in die Pfanne geben. Weiterbraten, bis es anbräunt, dabei mit einer Gabel zertrennen. Die Petersilie einrühren. Das Wurstbrät auf die gegarten und aufgeschnittenen Kartoffeln geben und etwas Tomaten-Relish darüberlöffeln. Nach Geschmack pfeffern – und genießen.

Fleischbällchen am Spieß

Für 8 Personen

4 Schweinebratwürstchen
120 g Rinderhackfleisch
100 g frische Semmelbrösel
1 Zwiebel, fein gehackt
2 EL gemischte, frisch gehackte Kräuter, z. B. Petersilie, Thymian und Salbei
1 Ei
Salz und Pfeffer
Sonnenblumenöl, zum Bestreichen

Kleine Holzspieße vor dem Gebrauch 30 Minuten in kaltem Wasser einlegen, damit sie nicht anbrennen.

Das Wurstbrät aus der Pelle in eine große Schüssel drücken und mit einer Gabel zerteilen. Rinderhack, Semmelbrösel, Zwiebeln, Kräuter und Ei zugeben. Mit Salz und Pfeffer würzen und mit einem Holzlöffel gut vermengen.

Aus der Mischung mit den Handflächen kleine Kugeln in der Größe eines Golfballs formen. Jede auf einen kleinen Holzspieß stecken und mit Öl bestreichen.

Über der Flamme oder dem Grill unter häufigem Wenden 10 Minuten garen. Dabei nach Bedarf mit mehr Öl bestreichen. Auf einen Teller geben und servieren.

Lagerfeuer-Fritten

Für 4 Personen

12 EL Olivenöl

2 mittelgroße Süßkartoffeln, geschält und in Stäbchen geschnitten

2 TL Steakgewürz

Salz

Knoblauchmayonnaise, zum Servieren

Das Öl in einer beschichteten Pfanne über der Flamme oder dem Grill erhitzen.

Die Kartoffeln hineingeben, mit der Gewürzmischung bestreuen und gut vermengen. 10–12 Minuten braten, bis die Pommes frites gerade weich sind. Mit Salz bestreuen und mit Knoblauchmayonnaise servieren – einfach himmlisch!

Lagerfeuer-Nachos

Für 4 Personen

100 g gesalzene Tortilla-Chips

150 g gegartes Hähnchenfleisch, in Streifen geschnitten

80 g Emmentaler, gerieben

Pfeffer

6 EL Tomaten-Salsa, zum Servieren

6 EL Schmand, zum Servieren

Ein großes Stück doppelte Alufolie auf den Boden einer beschichteten Pfanne legen und auf die Flamme oder den Grill setzen.

Die Tortilla-Chips nebeneinander in die Pfanne legen. Fleisch und Käse darüberstreuen. Die Pfanne abdecken.

Die Nachos 10–15 Minuten braten, bis der Käse gerade geschmolzen ist. Zur Kontrolle regelmäßig nachsehen.

Mit Pfeffer bestreuen. Salsa und Schmand über die Nachos löffeln und servieren.

Balsamico-Honig-Zwiebeln vom Lagerfeuer

Für 4 Personen

4 rote Zwiebeln, in Spalten geschnitten
4 TL flüssiger Honig
4 EL Balsamico
1 TL fein gehackter frischer Thymian
Salz und Pfeffer

Die Zwiebelspalten auf 4 doppelt gelegte Alufolienquadrate verteilen. Die Seiten hochfalten.

Honig und Balsamico über die Zwiebeln träufeln, dann Thymian, Salz und Pfeffer darüberstreuen.

Die Päckchen verschließen und über der Flamme oder dem Grill 15–20 Minuten rösten, bis die Zwiebeln weich sind.

Borlotti-Bohnen in Sauce

Für 4–6 Personen

600 g frische Borlotti-Bohnen
4 große frische Salbeiblätter, zerzupft
1 EL Olivenöl
1 große Zwiebel, in dünnen Ringen
300 ml frische Tomatensauce (siehe Seite 24)
Salz und Pfeffer

Die Bohnen aus den Hülsen lösen. Wasser in einem großen Topf über der Flamme oder dem Grill zum Kochen bringen. Bohnen und zerzupfte Salbeiblätter hineingeben. Erneut aufkochen lassen, dann über kleiner Hitze 12 Minuten köcheln lassen, bis die Bohnen weich sind. Abgießen und beiseitestellen.

Das Öl in einer beschichteten Pfanne langsam erhitzen. Die Zwiebel darin unter gelegentlichem Rühren 5 Minuten glasig dünsten, aber nicht anbräunen. Die Tomatensauce einrühren und die Bohnen zugeben.

Unter Rühren zum Kochen bringen. Auf kleine Hitze regeln und 10 Minuten köcheln lassen, bis die Sauce etwas eingekocht ist. Mit Salz und Pfeffer abschmecken, in eine Schüssel geben und servieren.

Erbsen mit Zwiebeln

Für 4 Personen

15 g Butter
175 g Perlzwiebeln
900 g frische Erbsen, aus den Hülsen gelöst
125 ml Wasser
2 EL Weizenmehl
150 g Schlagsahne
1 EL frisch gehackte Petersilie
Salz und Pfeffer
1 EL Zitronensaft

Die Butter in einem großen, schweren Topf über der Flamme oder dem Grill zerlassen. Die Perlzwiebeln hineingeben und unter gelegentlichem Rühren 5 Minuten dünsten. Die Erbsen zugeben und unter ständigem Rühren 3 Minuten weiterdünsten. Dann das Wasser zugeben, halb abdecken und 10 Minuten köcheln lassen.

Mehl und Sahne verrühren. Den Topf von der Flamme nehmen und Sahnemischung und Petersilie einrühren. Mit Salz und Pfeffer abschmecken.

Den Topf wieder auf die Flamme stellen und die Sauce unter vorsichtigem, ständigem Rühren 3 Minuten eindicken lassen.

Den Zitronensaft in die Sauce einrühren und sofort servieren.

Kartoffel-Pastinaken-Rösti

Für 6 Personen

2 große Kartoffeln
2 Pastinaken
Salz und Pfeffer
Olivenöl, zum Frittieren

Kartoffeln und Pastinaken schälen und auf ein Küchentuch reiben. Überschüssige Flüssigkeit herausdrücken, dann auf ein anderes Küchentuch oder Küchenpapier geben und 10 Minuten stehen lassen.

Kartoffeln und Pastinaken in einer Schüssel vermengen und mit Salz und Pfeffer würzen. Ausreichend Öl in einer beschichteten Pfanne über der Flamme oder dem Grill langsam erhitzen. Einen Löffel Röstimischung hineingeben, die Masse mit dem Löffelrücken flach drücken und zu einem Rösti formen. 3–5 Minuten braten, bis diese Seite knusprig braun ist, dann vorsichtig wenden und von der anderen Seite 2–3 Minuten braten. Zum Abtropfen auf Küchenpapier heben. Die fertigen Rösti in Alufolie wickeln, während die restlichen zubereitet werden.

Kartoffelsalat mit Kräutern

Für 4–6 Personen

500 g neue Kartoffeln
16 Mini-Strauchtomaten, halbiert
70 g schwarze Oliven, entsteint und grob gehackt
4 Frühlingszwiebeln, in feine Ringe geschnitten
2 EL frisch gehackte Minze
2 EL frisch gehackte Petersilie
2 EL frisch gehackter Koriander
Saft von 1 Zitrone
3 EL natives Olivenöl extra
Salz und Pfeffer

Leicht gesalzenes Wasser in einem Topf über der Flamme oder dem Grill zum Kochen bringen. Die Kartoffeln zugeben und 15 Minuten kochen, bis sie gar sind. Abgießen und etwas abkühlen lassen. Je nach Größe halbieren oder vierteln, dann mit Tomaten, Oliven, Frühlingszwiebeln und Kräutern in einer Schüssel vermischen.

Zitronensaft und Öl in einer Schüssel verquirlen und über den Kartoffelsalat geben. Vor dem Servieren mit Salz und Pfeffer abschmecken.

Spinatsalat mit knusprigem Speck

Für 4 Personen

4 EL Olivenöl
4 Scheiben durchwachsener Speck, gewürfelt
1 dicke Scheibe Weißbrot, Kruste entfernt und in Würfel geschnitten
450 g frischer Spinat, zerzupft oder in Streifen geschnitten

2 Esslöffel Olivenöl in einer großen beschichteten Pfanne über der Flamme oder dem Grill erhitzen. Den gewürfelten Speck darin 3–4 Minuten braten, bis er knusprig ist. Mit einem Schaumlöffel herausheben, abtropfen lassen und beiseitestellen.

Die Brotwürfel im verbliebenen Fett in der Pfanne 4 Minuten braten, bis sie knusprig goldbraun sind. Die Croûtons mit einem Schaumlöffel aus der Pfanne herausheben und beiseitestellen.

Das restliche Öl in der Pfanne erhitzen. Den Spinat 3 Minuten bei hoher Hitze im Öl wenden, bis er gerade zusammenfällt. In eine Servierschüssel füllen und mit Speck und Croûtons bestreuen. Sofort servieren.

Maiskolben mit Blauschimmelkäse

Für 6 Personen

140 g milder Blauschimmelkäse
140 g Quark
125 g griechischer Joghurt
Salz und Pfeffer
6 Maiskolben mit Hüllblättern

Den Blauschimmelkäse in eine Schüssel zerkrümeln und mit einem Holzlöffel cremig rühren. Den Quark einrühren und gut durchmischen. Nach und nach den Joghurt einrühren und mit Salz und Pfeffer abschmecken. Mit Frischhaltefolie bedecken und bis zum weiteren Gebrauch kalt stellen.

Die Hüllblätter der Maiskolben zurückziehen und die Fäden entfernen. Die Hüllblätter wieder anlegen. Aus doppelt gelegter Alufolie 6 Rechtecke für die Maiskolben zuschneiden. Die Maiskolben in die Alufolie einwickeln und über der Flamme oder dem Grill 15–20 Minuten unter häufigem Wenden rösten.

Die Maiskolben aus der Folie wickeln, die Hüllen abziehen und mit einem scharfen Messer abschneiden. Die Kolben mit der Blauschimmelkäsesauce bestreichen und servieren.

Kartoffelpüree mit Knoblauch

Für 4 Personen

900 g mehligkochende Kartoffeln, in Stücke geschnitten
8 Knoblauchzehen, zerdrückt
150 ml Milch
80 g Butter
Salz und Pfeffer

Die Kartoffeln in einen großen Topf geben und knapp mit Wasser bedecken. 1 Prise Salz zufügen. Über der Flamme oder dem Grill zum Kochen bringen und 10 Minuten köcheln. Den Knoblauch zufügen und 10–15 Minuten weiterköcheln, bis die Kartoffeln weich sind.

Kartoffeln und Knoblauch abgießen und in eine Schüssel füllen, dabei 3 Esslöffel Kochwasser auffangen und zurück in den Topf geben. Die Milch zugießen und zum Köcheln bringen. Die Butter zufügen, Kartoffeln und Knoblauch in den Topf geben und von der Flamme nehmen. Gründlich mit einem Kartoffelstampfer zerstampfen.

Das Püree mit Salz und Pfeffer abschmecken und mit einem Holzlöffel gut durchrühren, bis es leicht und luftig ist. Sofort servieren und diese ultimative Leibspeise genießen!

Gebackener Camembert

Für 4 Personen

1 ganzer Camembert (ca. 200 g)

2 Knoblauchzehen, in feine Scheiben geschnitten

2 Rosmarinzweige, in kleine Stücke geschnitten

4 EL Weißwein (nach Belieben)

Salz und Pfeffer

knuspriges Baguette, zum Servieren

Den Camembert aus der Verpackung nehmen und auf ein Stück doppelt gelegte Alufolie legen.

Mit der Spitze eines scharfen Messers die Käseoberfläche 8–10-mal einkerben.

Knoblauchscheiben und Rosmarinstücke in die Einschnitte stecken und mit Wein, falls verwendet, beträufeln. Leicht salzen und pfeffern.

Die Folie locker um den Käse herumwickeln und am Rand eines Lagerfeuers oder Grills 10–15 Minuten – abhängig von der Hitze – rösten, bis der Käse weich und in der Mitte geschmolzen ist.

Mit knusprigem Baguette servieren. Eine echte Spezialität für jeden Käsefan.

Süße Sachen

Echte heiße Schokolade

Für 1–2 Personen

40 g Bitterschokolade,
in Stücke gebrochen

300 ml Milch

Milchschokoladenraspel, zum
Dekorieren

Die Schokolade in einen großen, hitzebeständigen Krug geben. Die Milch in einem schweren Topf über der Flamme oder dem Grill zum Kochen bringen. Etwa ein Viertel der Milch über die Schokolade gießen, sodass sie weich wird und zu schmelzen beginnt.

Milch und Schokolade glatt rühren. Die restliche Milch erneut aufkochen und unter ständigem Rühren über die Schokoladenmischung gießen.

Die heiße Schokolade auf Becher verteilen und mit Schokoladenraspeln dekorieren. Sofort servieren.

Blitz-Tiramisu

Für 4 Personen

250 g Mascarpone oder Doppelrahm-Frischkäse
1 Ei, getrennt
2 EL Naturjoghurt
2 EL Zucker
2 EL brauner Rum
2 EL starker schwarzer Kaffee
8 Löffelbiskuits

Den Mascarpone in eine große Schüssel geben, Eigelb und Joghurt zufügen und glatt rühren.

Das Eiweiß steif, aber nicht trocken schlagen, dann den Zucker einrühren. Unter die Mascarponemischung ziehen.

Die Hälfte der Mischung auf vier Gläser verteilen.

Rum und Kaffee in einer flachen Schale verrühren. Die Löffelbiskuits darin eintauchen, dann halbieren oder je nach Bedarf in noch kleinere Stücke brechen. Auf die vier Gläser verteilen.

Die verbliebene Kaffeemischung in die restliche Mascarponemasse rühren und diese über den Löffelbiskuits gleichmäßig verteilen.

Sofort servieren.

Obstspieße

Für 4 Personen

verschiedene Obstsorten, z.B. Aprikosen, Pfirsiche, Erdbeeren, Mangos, Ananas, Bananen, vorbereitet und in gleich große Stücke geschnitten

Ahornsirup, zum Bestreichen

50 g Bitterschokolade, in Stücke gebrochen

Bei der Verwendung von Holzspießen diese vor dem Gebrauch 30 Minuten in kaltem Wasser einlegen, damit sie nicht anbrennen. Pro Person ein Spieß.

Die Obststücke abwechselnd auf die gewässerten Spieße oder auf Metallspieße stecken und mit etwas Ahornsirup bestreichen.

Die Schokolade in eine hitzebeständige Schüssel geben, die Schüssel auf einen Topf mit leicht köchelndem Wasser setzen und über der Flamme oder dem Grill erhitzen, bis die Schokolade geschmolzen ist.

Inzwischen die Spieße über der Flamme oder dem Grill grillen, bis sie angebräunt sind. Mit etwas geschmolzener Schokolade beträufeln und servieren.

Orangen-Karamell-Bananen

Für 4 Personen

120 g Zucker
1 TL Vanilleextrakt
Saft und fein abgeriebene Schale von 1 Orange
4 Bananen, in dicke Scheiben geschnitten
2 EL Butter

Zucker, Vanilleextrakt und Orangensaft in einer beschichteten Pfanne über der Flamme oder dem Grill erhitzen, bis die Masse karamellisiert.

Die Bananenscheiben hineingeben und 1–2 Minuten unter Schwenken der Pfanne erhitzen, bis sie vollständig vom Karamell überzogen sind.

Die Butter in die Pfanne geben und 3 Minuten weitererhitzen, dabei die Pfanne schwenken, damit die Bananen auch mit Butter überzogen werden.

Die Bananenscheiben auf einen Teller geben und mit der Orangenschale bestreuen. Servieren.

Schoko-Bananen mit Rum

Für 4 Personen

1 EL Butter
250 g Bitter- oder Milchschokolade
4 große Bananen
2 EL Rum
Mascarpone, zum Servieren

Aus doppelt gelegter Alufolie 4 Quadrate zurechtschneiden, in die je 1 Banane eingewickelt werden kann. Mit der Butter bestreichen.

Die Schokolade in kleine Stücke schneiden. Jede Bananenschale längs leicht einritzen, sodass die Schokolade hineingesteckt werden kann. Die Schokoladenstücke in die Bananen drücken, dann die Schale schließen.

Jede Banane in ein Folienquadrat wickeln und über der Flamme oder dem Grill 5–10 Minuten erhitzen, bis die Schokolade in den Bananen geschmolzen ist. Von der Hitze nehmen und die Bananen auf Teller legen. Die Pakete öffnen, mit dem Rum begießen und mit Mascarpone servieren. Ein Verwöhndessert!

Schokoladenfondue

Für 6 Personen

18 Marshmallows

Fondue
250 g Bitterschokolade, in Stücke gebrochen
150 g Schlagsahne
2 EL Weinbrand

Für das Fondue Schokolade und Sahne in einen schweren Topf geben und über der Flamme oder dem Grill unter ständigem Rühren langsam erhitzen, bis die Schokolade geschmolzen ist. Den Weinbrand zugießen und alles glatt rühren.

Die Marshmallowstücke auf Holz- oder Metallspieße stecken und ins Schokoladenfondue dippen.

Knusprige Ingweräpfel

Für 4 Personen

2 EL Zitronensaft
2 EL zerlassene Butter
2 EL Demerara-Zucker
4 knackige Äpfel, halbiert
4 EL gewürfelter eingelegter Ingwer (Ingwerpflaume)

Zitronensaft, Butter und Zucker in 3 separate Schüsseln geben. Die Schnittseite der Äpfel zunächst in den Zitronensaft, dann in die zerlassene Butter und schließlich in den Zucker drücken.

Die Äpfel mit der Schnittseite nach unten in eine Pfanne legen und über der Flamme oder dem Grill 5 Minuten braten, bis die Oberfläche braun wird. Wenden und 5 Minuten weiterbraten, bis die Haut braun wird. Die gebratenen Äpfel sollten immer noch Biss haben.

Die Apfelhälften mit der Schnittseite nach oben auf Teller legen, den Ingwer darüber verteilen und servieren.

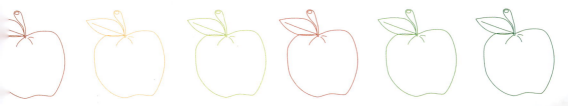

Milchreis

Für 4–6 Personen

1 große Orange
1 Zitrone
1 l Milch
250 g Rundkornreis (Milchreis)
100 g Zucker
1 Vanillestange, aufgeschlitzt
1 Prise Salz
125 g Schlagsahne
brauner Zucker, zum Servieren (nach Belieben)

Die Schale von der Orange und der Zitrone fein abreiben und beiseitestellen. Einen schweren Topf mit kaltem Wasser ausspülen, aber nicht abtrocknen.

Milch und Reis in den Topf geben und über der Flamme oder dem Grill zum Kochen bringen. Auf kleine Hitze regeln und Zucker, Vanillestange, Orangen- und Zitronenschale sowie Salz einrühren. So lange köcheln lassen, bis der Milchreis eingedickt ist und die Körner weich und cremig sind. Das kann, abhängig von der Größe des Topfes, bis zu 30 Minuten dauern.

Die Vanillestange herausnehmen und die Sahne einrühren. Mit braunem Zucker bestreut aus dem Topf servieren oder vollständig abkühlen lassen. Beim Erkalten wird der Milchreis noch fester, sodass vor dem Servieren eventuell noch etwas Milch eingerührt werden sollte.

Schoko-Marshmallow-Sandwiches

Für 4 Personen

8 Marshmallows
8 runde Vollkornkekse
8 kleine Stücke Milchschokolade

Bei der Verwendung von Holzspießen diese vor dem Gebrauch 30 Minuten in kaltem Wasser einlegen, damit sie nicht anbrennen. Pro Person ein Spieß.

Je 2 Marshmallows auf einen eingeweichten Holzspieß oder einen Metallspieß stecken und über dem Feuer rösten, bis sie weich werden.

Die weichen Marshmallows auf 1 Keks legen und mit 2 Schokoladenstücken belegen. Mit 1 weiteren Keks bedecken, sodass ein Sandwich entsteht. Mit den restlichen Zutaten ebenso verfahren.

Bananen-Schoko-Sandwiches

Für 4 Personen

8 Marshmallows
8 Chocolate-Chip-Kekse
1 Banane, in dünne Scheiben geschnitten
4 Stücke Bitterschokolade

Bei der Verwendung von Holzspießen diese vor dem Gebrauch 30 Minuten in kaltem Wasser einlegen, damit sie nicht anbrennen. Pro Person ein Spieß.

Je 2 Marshmallows auf einen eingeweichten Holzspieß oder einen Metallspieß stecken und über dem Feuer rösten, bis sie weich werden.

Die weichen Marshmallows auf 1 Keks legen und mit 1 Schokoladenstück und einigen Bananenscheiben belegen. Mit 1 weiteren Keks bedecken, sodass ein Sandwich entsteht. Mit den restlichen Zutaten ebenso verfahren. Klebrig und köstlich!

Marshmallow-Schokolade mit Mandeln

Ergibt etwa 50 Stücke

120 g Bitterschokolade, in Stücke gebrochen
200 g weiße Mini-Marshmallows
70 g Butter, plus etwas mehr zum Bestreichen
2 TL Wasser
120 g blanchierte Mandeln, grob gehackt

Die Schokolade in eine hitzebeständige Schüssel geben. Die Schüssel über einen Topf mit leicht köchelndem Wasser setzen und über der Flamme oder dem Grill erhitzen, bis die Schokolade geschmolzen ist. Marshmallows, Butter und Wasser in einem großen, schweren Topf unter häufigem Rühren langsam erhitzen, bis alles geschmolzen ist.

Den großen Topf von der Flamme nehmen und die Schokolade in die Marshmallow-Masse einrühren. Die Mandeln zugeben und gut vermischen.

Die Mischung in eine mit Folie ausgelegte Form oder eine Metallform füllen und 1–2 Stunden fest werden lassen. Anschließend in etwa 50 Stücke schneiden. Ein perfekter Energiespender auf einer Wanderung!

Schokokonfekt mit Rosinen

Ergibt etwa 20 Stücke

100 g Butter
25 g Kakaopulver
200 g Vollkornkekse, zerdrückt
80 g Rosinen oder getrocknete Cranberrys
1 Ei, verquirlt
125 g Milchschokolade, in Stücke gebrochen

Die Butter in einem mittelgroßen Topf über der Flamme oder dem Grill zerlassen und das Kakaopulver einrühren.

Von der Hitze nehmen und Kekse und Rosinen einrühren. 5 Minuten abkühlen lassen.

Das Ei zugeben und erneut gut vermischen.

Die Mischung in eine mit Folie ausgelegte Form oder eine Kuchenform füllen und mit dem Löffelrücken festdrücken.

Die Schokolade in eine hitzebeständige Schüssel geben. Die Schüssel über einen Topf mit leicht köchelndem Wasser setzen und über der Flamme oder dem Grill erhitzen, bis die Schokolade geschmolzen ist. Die Schokolade über der Keksmasse verteilen und an einem kühlen Ort fest werden lassen.

In etwa 20 Stücke schneiden und in einem luftdicht verschließbaren Behälter aufbewahren.

Nuss-Karamell-Schokolade

Ergibt etwa 20 Stücke

350 g Bitterschokolade, in Stücke gebrochen

100 g Paranusskerne, gehackt

175 g weiße Schokolade, grob gehackt

175 g Sahnekaramell, grob gehackt

Boden und Seiten einer Form mit Backpapier auslegen.

Die Hälfte der Schokoladenstücke in einem mittelgroßen Topf über der Flamme oder dem Grill sehr vorsichtig schmelzen und in die Form geben.

Mit Nüssen, weißer Schokolade und Karamell bestreuen. Die restlichen Schokoladenstücke ebenfalls sehr vorsichtig schmelzen und in die Form gießen.

An einem kühlen Ort fest werden lassen, dann mit einer Messerspitze in etwa 20 unregelmäßige Stücke brechen.

Popcorn

Für 4 Personen

1–2 EL Pflanzenöl
75 g Maiskörner für Popcorn
1 EL Butter
3 EL Ahornsirup
1 EL Sesamsaat

Das Öl in eine beschichtete tiefe Pfanne geben und über der Flamme oder dem Grill erhitzen.

Die Maiskörner vorsichtig hineingeben und zu einer Schicht verteilen. Abdecken.

Die Körner bei kleiner Hitze aufplatzen lassen, dabei den Topf schwenken, bis alle Körner aufgeplatzt sind.

Das Popcorn in eine große Schüssel geben und nicht aufgeplatzte Körner herausnehmen.

Die Butter in einem kleinen Topf erhitzen und den Ahornsirup zugießen. Zum Kochen bringen, dann von der Flamme nehmen und abkühlen lassen. Die Mischung über das Popcorn gießen, den Sesam darüberstreuen und servieren.

Zum guten Schluss

Eine Nacht unter freiem Himmel gibt Energie, erfrischt und lässt uns eins werden mit der Natur. Hier sind einige Vorschläge, wie man das Zelten zu einem unvergesslichen Erlebnis machen kann und die nächste Reise vielleicht noch ein bisschen einfacher wird.

- Verlassen Sie den Platz so, wie Sie ihn vorgefunden haben. Lassen Sie keinen Müll herumliegen, sondern nehmen Sie ihn mit nach Hause bzw. entsorgen Sie ihn, wenn möglich, auf dem Campingplatz. Mülltrennung nicht vergessen!

- Lassen Sie die Dreckhäufchen Ihres Hundes nicht zum Problem anderer werden!

- Wenn Sie auf dem Platz ein Lagerfeuer machen dürfen, achten Sie darauf, dass es vollständig gelöscht ist, bevor Sie den Platz verlassen. Und natürlich sollte das Feuer auch nicht zu nah an Ihrem Zelt sein!

- Auf den meisten Campingplätzen herrscht Nachtruhe – auc wenn Sie Ihr Lagerfeuerpläuschchen gern die ganze Nacht halten würden. Heben Sie sich ein bisschen Klatsch und Tratsch einfach fürs Frühstück am nächsten Morgen auf

- Nach Möglichkeit sollte das Zelt immer ganz trocken sein, wenn man es einpackt. Manchmal lässt es sich nicht vermeiden, den Zeltplatz bei Regen zu verlassen, dann müssen Sie später das Zelt ordentlich trocknen.

- Wenn Sie wieder zu Hause sind, sollten Sie den Zeltboden mit einem feuchten Lappen abwischen und das Zelt zum Trocknen über die Wäscheleine hängen. Sie möchten die nächste Campingreise sicher nicht einem schmutzigen Zelt beginnen.

- Lagern Sie Ihre Campingausrüstung an einer Stelle, an die Sie gut herankommen. So sind Sie gerüstet, sobald die Sonne scheint.

- Waschen Sie zu Hause die Schlafsäcke, reinigen Sie Luftmatratze oder Isomatte und spülen Sie Töpfe und Geschirr ab. So ist Ihre Ausrüstung für den nächsten Trip tipptopp vorbereitet.